Diagrama de flujo ingenioso

Accidentes geográficos

Richard y Louise Spilsbury

Traducido por Alberto Jiménez

Gareth Stevens PUBLISHING

Please visit our website, **www.garethstevens.com**.
For a free color catalog of all our high-quality books,
call toll free 1-800-542-2595 or fax 1-877-542-2596.

ISBN 9781538254516 (pbk.)
ISBN 9781538254523 (eBook)

First Edition

Published in 2020 by
Gareth Stevens Publishing
111 East 14th Street, Suite 349
New York, NY 10003

Produced for Gareth Stevens by Calcium
Translator: Alberto Jiménez
Editors: Sarah Eason and Harriet McGregor
Designer: Emma DeBanks
Picture researcher: Rachel Blount

Picture credits: Cover: Shutterstock: Denk Creative (br), Lineartestpilot (c); Inside: Shutterstock: Alonso Aguilar: p. 25br; Amineah: pp. 24–25; Anderl: pp. 34–35; Galyna Andrushko: p. 45t; Petro Bakrev: pp. 32–33; Corbac40: p. 15; Designua: pp. 6–7, 8–9, 42; FooTToo: p. 10b; GuilhermeMesquita: p. 20; Harvepino: pp. 36–37; JeniFoto: p. 5t; Alexey Kamenskiy: p. 41t; KDS Photographics: pp. 16–17; Khlongwangchao: pp. 22–23; KittyVector: pp. 10t, 38bl; Ekaterina Kuchina: p. 33t; Lavizzara: p. 35t; Lineartestpilot: p. 44b; Lisa S.: pp. 40–41; Long8614: p. 19t; Don Mammoser: p. 39t; Andrew Mayovskyy: p. 23t; Nattanan726: pp. 44–45; Nikiteev Konstantin: p. 6t; Pawarit S: pp. 12–13; Riekephotos: pp. 38–39; Joanna Rigby-Jones: p. 27b; Ronnybas: pp. 1, 18–19; Stefan Rotter: pp. 10–11; Rvector: pp. 11t, 16l, 17br; Saiko3p: pp. 26–27; ScenicTravelClicks: p. 13tr; Shutterupeire: p. 31; SofiaV: p. 24t; Vixit: pp. 4–5; Wickerwood: pp. 28–29; Wollertz: p. 30; Wikimedia Commons: NASA Jet Propulsion Laboratory: p. 7t.

Printed in the United States of America

CPSIA compliance information: Batch #CG19WL: For further information contact Gareth Stevens, New York, New York at 1-800-542-2595.

Contenido

Capítulo 1

Características del terreno

La Tierra está cubierta por enormes océanos y grandes extensiones de terreno. Los mares están salpicados de islas. Los océanos constituyen el 71 por ciento de la superficie terrestre y el 29 por ciento restante es tierra. Desde el espacio, el terreno y el agua carecen de rasgos distintivos, pero nada podría estar más lejos de la verdad. Los accidentes geográficos de nuestro planeta son increíblemente variados.

Los accidentes geográficos son formas de la superficie terrestre. No incluyen elementos creados por el hombre, como carreteras o rascacielos; se deben a **fuerzas** internas y superficiales del planeta. Algunos surgen con rapidez, por ejemplo, cuando una roca caliente y derretida llamada **lava** entra en erupción bajo la tierra, sale por un **volcán** y se endurece. Sin embargo, la mayoría se desarrollan muy despacio. Las rocas se desgastan y los pedazos son arrastrados durante miles de años por el agua, el hielo y el viento.

El monte Everest es uno de los accidentes geográficos más famosos del mundo. Su edad ronda los 60 millones de años.

Hay muchos tipos de accidentes geográficos, como colinas pequeñas y onduladas, montañas escarpadas, llanuras bajas y valles de laderas altas que abren un camino profundo a través del paisaje. Los accidentes varían en todo el mundo y en los distintos países. El pequeño país de Nepal, en Asia, tiene ocho de las catorce montañas más altas del planeta dentro de sus fronteras sin litoral. Australia cuenta con grandes extensiones de desierto arenoso y millas de costas rocosas y playas.

Las condiciones del clima han desgastado el terreno del Parque Nacional del Cañón Bryce, donde abundan extrañas formaciones rocosas.

¡Infórmate!

El accidente geográfico más alto del mundo es el monte Everest en Nepal y China. Alcanza los 29 035 pies (8 850 m) sobre el **nivel del mar**. Es parte de la **cordillera** del Himalaya que se extiende a través de India, Pakistán, Afganistán, China, Bután y Nepal.

Continentes del mundo

Los accidentes geográficos están situados en la **corteza** de nuestro planeta. La corteza es la superficie sólida sobre la que vivimos. La corteza también forma el fondo de los océanos y mares. Se asienta sobre una capa de roca caliente y blanda llamada **manto**. En el manto, las rocas se derriten por el calor extremo del **núcleo** del centro de la Tierra. La fuerza calorífica del núcleo transforma la corteza terrestre.

La corteza se divide en secciones llamadas **placas tectónicas**. El núcleo calienta las capas inferiores del manto. A medida que la roca líquida caliente se eleva, la roca más fría se hunde. Estas **corrientes de convección** del manto mueven las placas tectónicas que flotan en él. Los bordes de las placas se llaman límites. Los movimientos en el manto separan las placas en estos límites, las unen o hacen que se deslicen unas sobre otras.

La Tierra tiene hoy siete **continentes**: Asia, África, América del Norte, América del Sur, Antártida, Europa y Australia. Pero hace 300 millones de años, todos estaban unidos en un supercontinente llamado Pangea. Al moverse poco a poco, las placas quebraron Pangea y se separararon hasta ocupar sus posiciones actuales. Este proceso se llama deriva continental. Las placas siguen moviéndose muy despacio.

Mapa de ubicación de las placas tectónicas terrestres.

¡Infórmate!

La **falla** de San Andrés, en California, es un inmenso accidente geográfico que consiste en una fractura de la corteza terrestre de 800 millas (1300 km) de longitud. Se formó hace unos 30 millones de años, al chocar la placa Norteamericana y la del Pacífico.

Imagen satelital de la falla de San Andrés. La falla se hunde 20 millas (32 km) en la corteza de la Tierra.

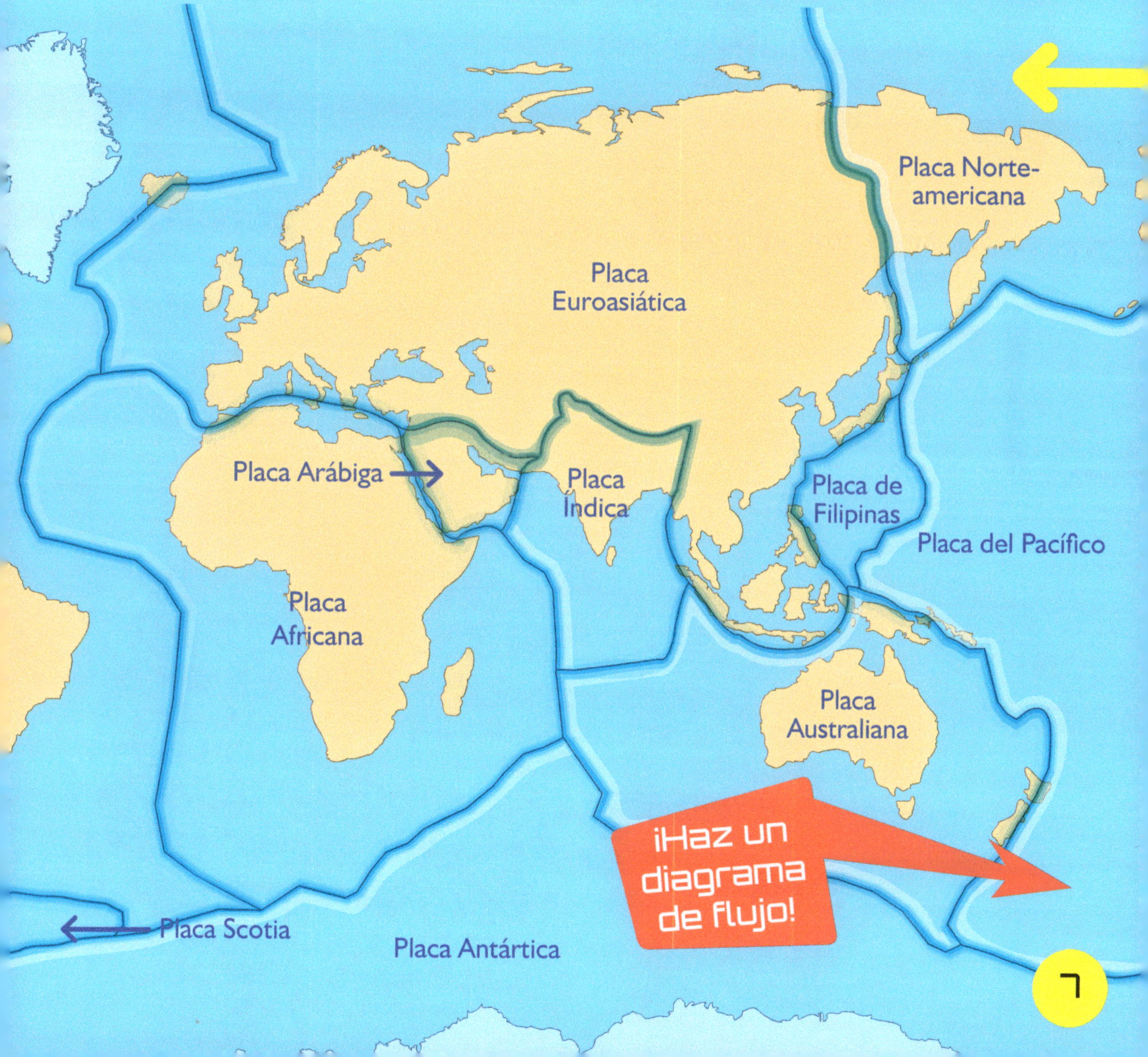

¡Haz un diagrama de flujo!

Deriva continental

Sigue los pasos de este diagrama de flujo para saber cómo la deriva continental formó los siete continentes actuales.

Hace más de 300 millones de años, los continentes estaban unidos en un supercontinente llamado Pangea.

Por fin los continentes alcanzaron sus posiciones actuales. Aún se mueven, a una velocidad de 1 pulgada (2,5 cm) al año.

Diagrama de flujo ingenioso

Poco a poco el movimiento de las placas tectónicas quebró Pangea.

El calor del núcleo calentó las capas inferiores del manto. La roca fundida subió y el líquido más frío bajó. Estas corrientes de convección movieron las placas.

Las placas tectónicas se separaron en los límites.

Los continentes se ubican en las placas tectónicas. Y se van separando muy, muy lentamente.

Capítulo 2

Colinas y montañas

Las montañas son los accidentes más empinados y altos de la Tierra. Estas zonas de terreno rocoso a menudo tienen lados escarpados y picos puntiagudos o redondeados, muchos de ellos cubiertos de nieve todo el año. Las colinas son menores.

Algunas colinas y montañas se forman debido a las erupciones volcánicas. La roca **fundida** de las profundidades de la Tierra se eleva hacia la corteza. El **magma** fuerza su camino hacia la superficie a lo largo de los límites de las placas tectónicas. Esto también ocurre en otros lugares donde las rocas no resisten la **presión** y el calor. Cuando sale a la superficie, esa roca líquida se llama lava. Al enfriarse, se endurece. Si esto se repite una y otra vez, se forma una colina cónica o volcán.

Los Alpes forman una cordillera alta y larga que se extiende por ocho países de Europa.

Las colinas también pueden formarse a partir de montañas. Durante miles de años, el agua se filtra en las grietas de las laderas, se congela y rompe pedazos de roca. Asimismo el viento y la lluvia fragmentan la roca y la arrastran. Esta **erosión** reduce la altura de las montañas. Las colinas también se originan cuando la roca **se erosiona** en un lugar y los trozos son arrastrados a otro sitio. A medida que las piezas se acumulan, una colina empieza a crecer.

Esta colina se formó debido a un volcán. Aún puede verse el cráter en la cima.

¡Infórmate!

Pueden aparecer colinas y montañas en forma de cúpula donde la corteza terrestre resiste la fuerza ascendente de un canal de magma. El magma obliga a la tierra a abultarse hacia arriba, formando la colina o montaña.

Montañas plegadas y en bloque

Las montañas aparecen cuando el manto situado bajo la corteza terrestre sufre convulsiones que empujan la corteza hacia arriba en grandes pliegues o bloques. Siempre se están formando nuevas montañas y algunas de ellas siguen creciendo.

La mayoría de las montañas son montañas plegadas. Estas se forman cuando dos placas tectónicas se acercan la una a la otra y obligan a las capas de roca de la corteza terrestre a arrugarse y doblarse. Finalmente, la roca surge sobre el nivel del mar como una fila de montañas plegadas. El plegado crea filas montañosas de miles de kilómetros de largo que se llaman cordilleras. Los Alpes en Suiza, las Montañas Rocosas en América del Norte, los Andes en América del Sur y el Himalaya en Asia son montañas plegadas.

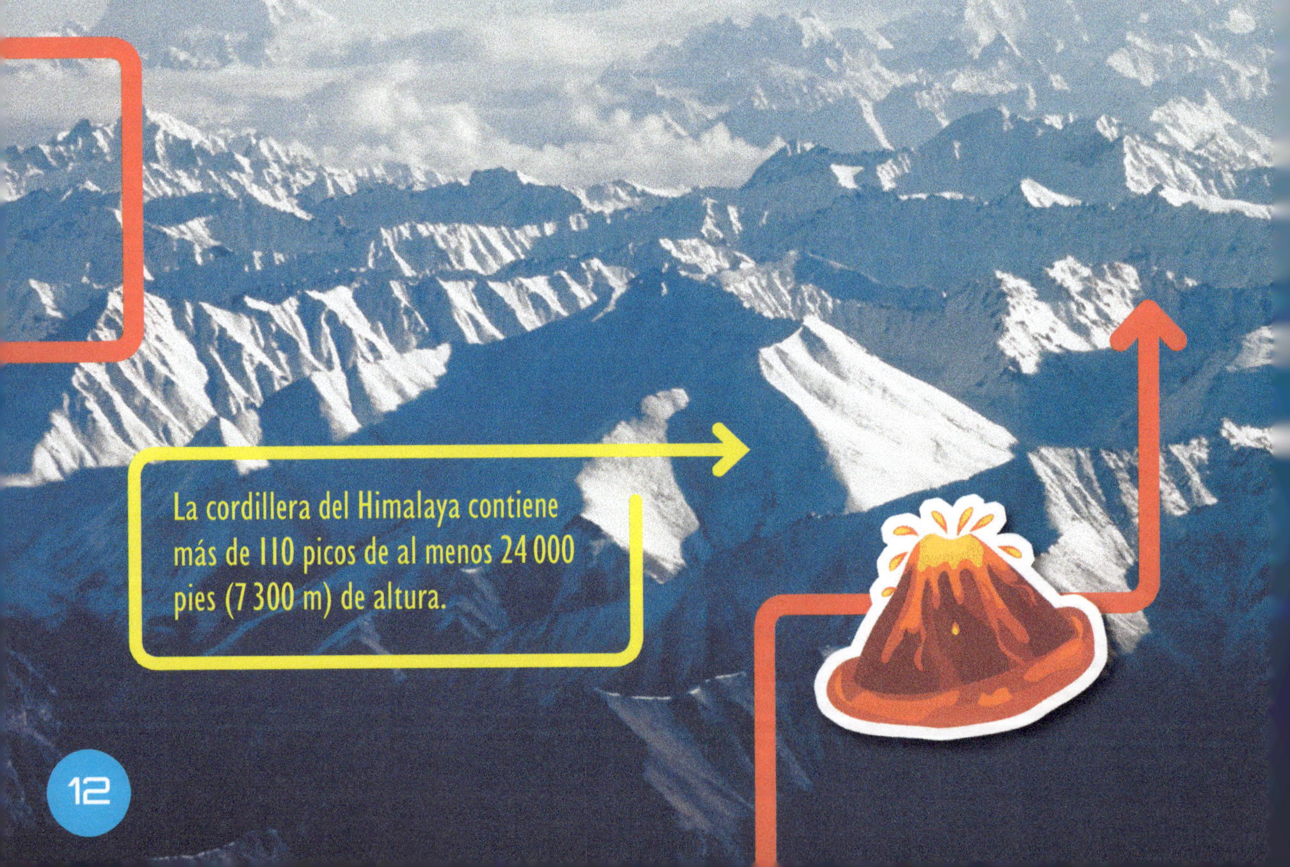

La cordillera del Himalaya contiene más de 110 picos de al menos 24 000 pies (7 300 m) de altura.

La cordillera de Sierra Nevada rodea el este de California. Esta cadena montañosa tiene 250 millas (400 km) de longitud.

Algunas veces, la presión del magma ascendente hace que un área de la corteza se divida a lo largo de los límites de una placa tectónica. A medida que las placas se separan o se empujan, bloques enteros de roca se inclinan o ascienden por encima de la roca circundante. La roca ascendente forma un bloque que se eleva por encima de las tierras bajas. Las grandes montañas de Sierra Nevada en el oeste de Estados Unidos se formaron de esta manera.

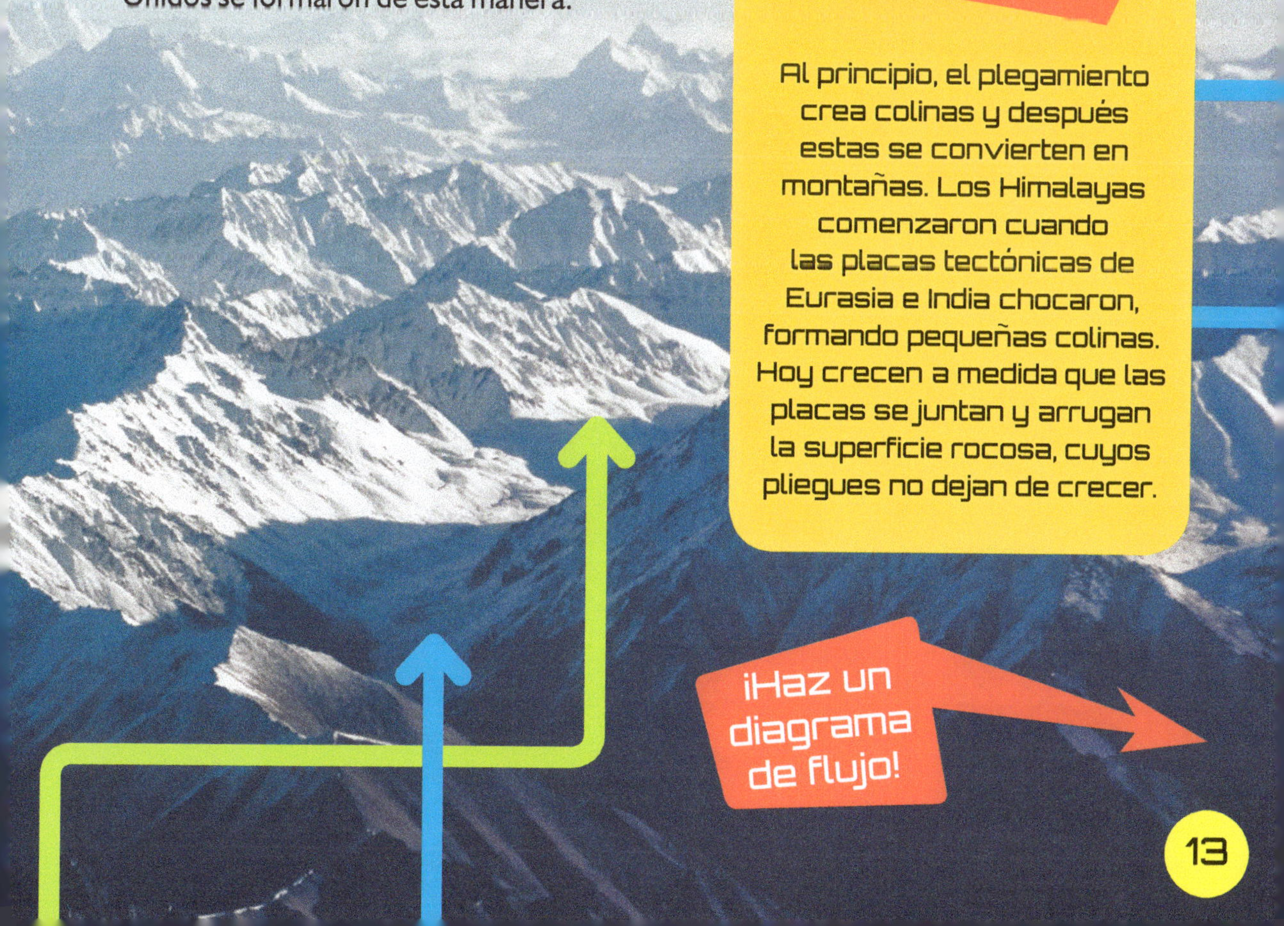

¡Infórmate!

Al principio, el plegamiento crea colinas y después estas se convierten en montañas. Los Himalayas comenzaron cuando las placas tectónicas de Eurasia e India chocaron, formando pequeñas colinas. Hoy crecen a medida que las placas se juntan y arrugan la superficie rocosa, cuyos pliegues no dejan de crecer.

¡Haz un diagrama de flujo!

Formación de montañas plegadas

Con este diagrama de flujo podrás seguir los pasos de la formación de colinas y montañas plegadas.

Dos placas tectónicas contiguas se acercan y se empujan.

Las placas tectónicas siguen chocando. La roca superficial se arruga y se pliega. Las colinas suben.

Finalmente, las colinas se convierten en montañas.

Diagrama de flujo ingenioso

Las capas de roca de la corteza empiezan a arrugarse y plegarse.

Por fin, la roca se eleva por encima del nivel del mar como una fila de colinas.

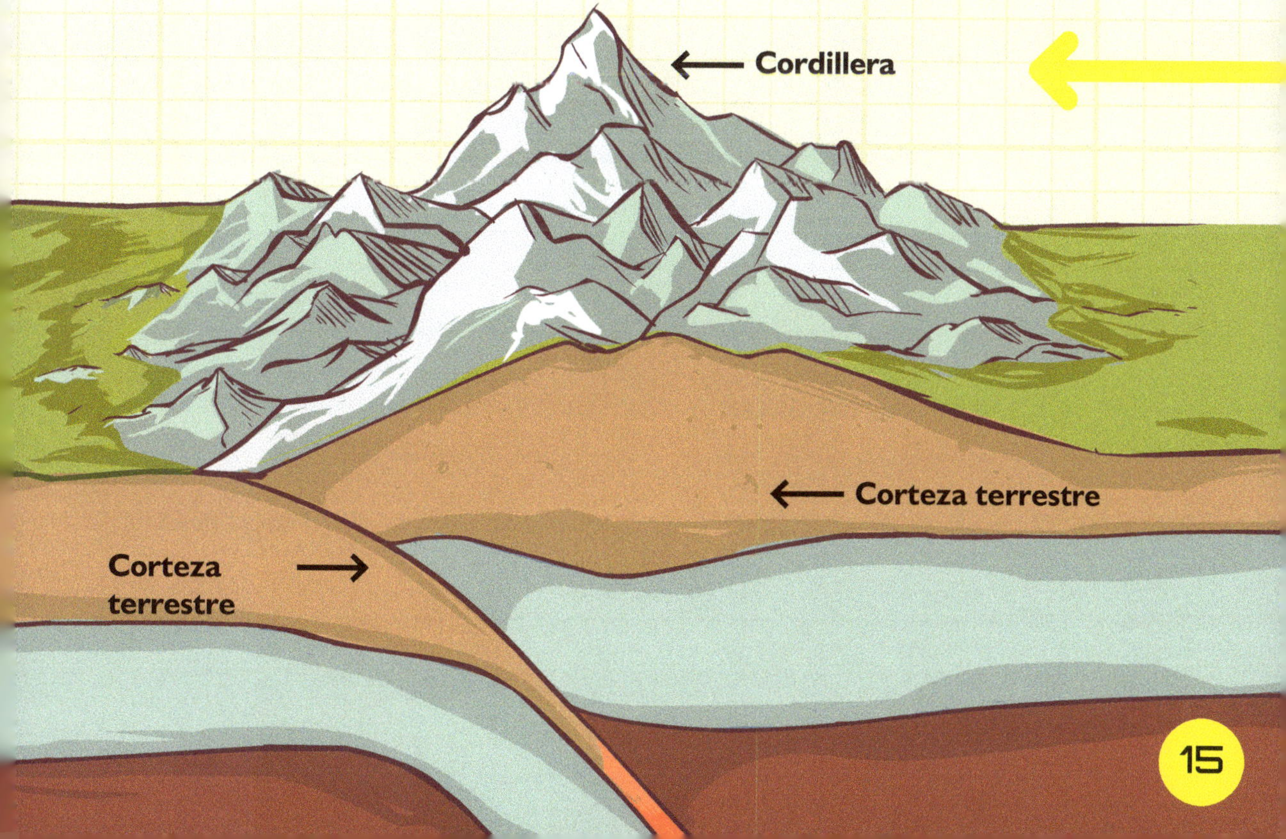

Capítulo 3

Mesetas y llanuras

La meseta es un terreno alto de cima plana que puede medir cientos de millas de anchura. La llanura es un terreno amplio y llano rodeado por terrenos más altos. Las llanuras representan alrededor de un tercio del terreno de la Tierra y existen en todos los continentes.

Las llanuras se forman de muchas maneras. Por ejemplo, cuando el viento, el hielo y el agua erosionan el suelo y las rocas de montañas o colinas. Estos trozos de **sedimento** bajan por las laderas y se **depositan** en el fondo. Con el tiempo las capas de sedimento se hunden y dan lugar a llanuras en abanico. Cerca de los volcanes, las llanuras se forman de manera similar cuando la lava fluye por el terreno. El suelo de las llanuras de lava suele ser más oscuro.

Las llanuras costeras están separadas de otras zonas del interior por otros accidentes.

La llanura de inundación se forma cuando el agua de un río erosiona el terreno sobre el que pasa. Si se produce la crecida (la inundación) de un río, el agua se desborda y transporta sedimentos a la tierra circundante. A medida que el agua disminuye, el sedimento se deposita. Si las crecidas ocurren repetidas veces, este sedimento forma una llanura de inundación.

Al desbordarse, este río ha inundado los bosques de la llanura.

La llanura costera es un área de terreno, en su mayor parte llano, donde la tierra se encuentra con el mar. Los sedimentos son depositados a lo largo de la costa por agua fluvial (de río) y agua marina. Cuando las capas de sedimentos se elevan por encima del nivel del mar, forman una llanura costera.

¡Infórmate!

Ciertas llanuras se forman cuando mares o lagos se llenan de sedimentos erosionados del terreno circundante.

Plataformas perfectas

Las mesetas son plataformas gigantescas. Se elevan bruscamente por encima de la tierra con dos o más lados empinados, como precipicios, y cimas planas y niveladas. Al igual que las llanuras, las mesetas existen en todos los continentes y también representan un tercio de la superficie terrestre.

Una meseta se forma de diferentes maneras. Algunas se originan cuando dos placas tectónicas chocan frontalmente y empujan el terreno hacia arriba. Otras cuando muchas capas de lava de un volcán se acumulan en un área. Aunque montañas y mesetas pueden formarse de la misma manera, la montaña es muy alta y puntiaguda mientas que la meseta es más baja y de cumbre plana.

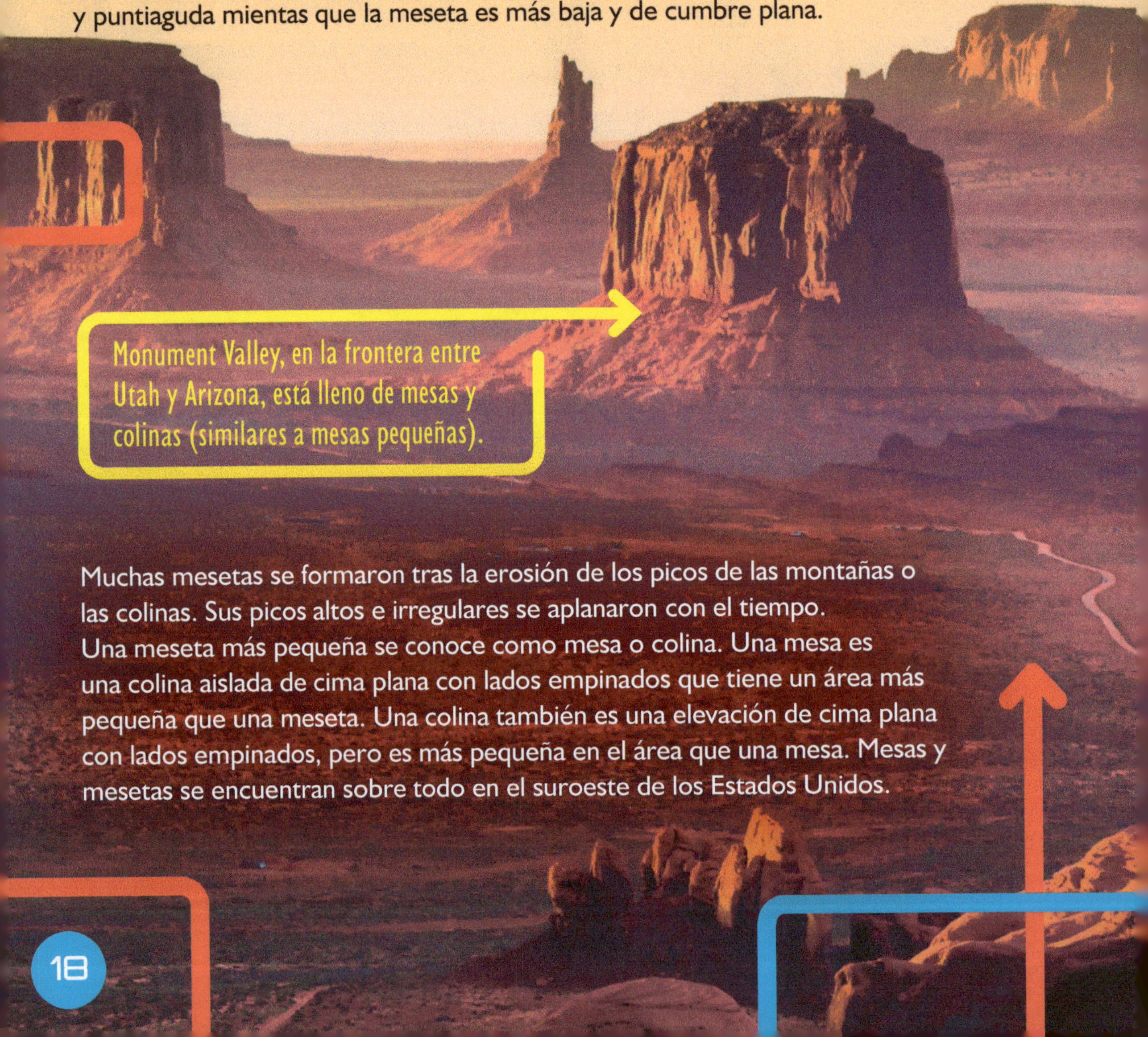

Monument Valley, en la frontera entre Utah y Arizona, está lleno de mesas y colinas (similares a mesas pequeñas).

Muchas mesetas se formaron tras la erosión de los picos de las montañas o las colinas. Sus picos altos e irregulares se aplanaron con el tiempo. Una meseta más pequeña se conoce como mesa o colina. Una mesa es una colina aislada de cima plana con lados empinados que tiene un área más pequeña que una meseta. Una colina también es una elevación de cima plana con lados empinados, pero es más pequeña en el área que una mesa. Mesas y mesetas se encuentran sobre todo en el suroeste de los Estados Unidos.

¡Infórmate!

La meseta más alta y más grande del mundo es la meseta tibetana de Asia central. Cuadruplica la superficie de Francia. La meseta, que cubre partes del Tíbet, China e India, tiene 1.5 millones de millas cuadradas (3.9 millones de kilómetros cuadrados) de ancho y una altura media de casi 15 000 pies (4 572 m).

La meseta del Tíbet se formó por la colisión de placas tectónicas.

¡Haz un diagrama de flujo!

Formación de mesetas

Para descubrir las diferentes maneras de formación de una meseta, sigue las rutas de este diagrama de flujo.

Las mesetas se forman de una de estas tres maneras:

Algunas lo hacen cuando dos placas tectónicas chocan, al empujarse la una contra la otra desde direcciones opuestas.

Ciertas mesetas se deben a la erosión de las colinas o montañas. Sus picos puntiagudos se aplanan debido al desgaste.

Las últimas se forman cuando un volcán erupciona repetidamente. Poco a poco, las capas de lava se apilan y la cumbre se aplana.

Diagrama de flujo ingenioso

Capítulo 4

Cañones y valles

Los cañones y los valles son extensiones de terreno bajo situadas entre zonas de mayor altura. El agua y el hielo los excavan y los extraen de la superficie de la Tierra. A menudo, los atraviesa un río o un arroyo.

El agua en movimiento puede ser extremadamente peligrosa. A medida que tramos profundos del agua de un río de caudal rápido se precipitan sobre una capa de roca, el agua la golpea y la rompe. Además, se arremolina alrededor de las rocas partidas, se filtra por los huecos y continúa fragmentándolas. A medida que fluye, sigue erosionándolas. El agua circulante incluso puede arrastrar grandes rocas río abajo. Sean grandes o pequeñas, las rocas también se desgastan por su fricción contra el lecho y las orillas del río.

El río erosiona un camino a través de la roca y crea un valle. La profundidad del valle depende de lo grande y poderoso que sea el río o el arroyo. Los arroyos tienen menor tamaño, hondura y velocidad que los ríos, por lo que originan valles estrechos y poco profundos. Con el tiempo algunos crecen y se convierten en ríos. El agua que circula por el cauce gana hondura y velocidad, lo que provoca mayor erosión en los sedimentos de los lados y la base del valle. Poco a poco, el río aumenta la anchura y la profundidad del valle que atraviesa.

El valle del Indo, en Pakistán, debe su formación al río Indo.

La cascada Svartifoss ("Cascada negra"), en Islandia, pasa por encima de columnas de roca originadas por lava.

¡Infórmate!

Las cascadas aparecen cuando un río fluye primero sobre un área de roca dura y luego de roca blanda. El agua erosiona la roca blanda. Se forma una cornisa por la que el agua cae. En la base, la cascada erosiona el terreno hasta crear un estanque hondo.

El agua excava

El agua circula rápidamente por pendientes pronunciadas. Es muy poderosa y penetra en la tierra, labrando valles. Los ríos que fluyen a gran velocidad crean valles profundos con laderas escarpadas, llamados cañones y gargantas.

Los cañones incluyen algunos de los valles más grandes de la Tierra. Uno de los mayores, el Gran Cañón, en Arizona, se debe al río Colorado, que erosionó la meseta de Colorado. El río comenzó a esculpir el Gran Cañón hace unos 6 millones de años. Hoy, este famoso accidente geográfico tiene 277 millas (446 km) de largo y en algunos lugares una profundidad de 6 000 pies (1 829 m).

Los cañones con los lados más empinados se llaman a veces gargantas o desfiladeros. Se forman donde los ríos cortan áreas de rocas duras atravesadas por líneas de fractura o de rocas más blandas. El agua erosiona estas líneas y talla una garganta a través de la roca. Algunas se originan en lugares donde las cascadas van desgastando la roca hasta conformar una hendidura estrecha en el terreno.

¡Infórmate!

A medida que un río se acerca al océano, su valle se vuelve más ancho y plano. Esto sucede porque la tierra es más plana cerca de la costa, por lo que el río se expande y baja la corriente. Al fluir más despacio, deposita parte del sedimento que transportaba, y este se acumula en el fondo del valle, reduciendo la inclinación de los lados.

En su punto más ancho, el Gran Cañón mide 18 millas (29 km). Es tan grande que su tamaño se puede apreciar mejor desde un helicóptero.

El Caminito del Rey (España) pasa por un desfiladero, a 330 pies (100 m) de altura; es la ruta más peligrosa del mundo.

El hielo excava valles

Un **glaciar** es una gran masa de hielo que se desliza muy despacio por una pendiente suave o un valle ya existente. A medida que el glaciar avanza, puede cortar toneladas de roca y sedimentos del suelo hasta esculpir un valle.

A medida que un glaciar se mueve, las rocas sueltas del suelo sobre el que se desliza se congelan en la parte inferior del hielo, y el glaciar las arrastra a su paso. Estas rocas arañan y raspan más capas de rocas y sedimentos del terreno. Los glaciares suelen ser enormes y extremadamente pesados. Ejercen presiones masivas mientras erosionan la tierra.

El glaciar Perito Moreno se origina en un campo de hielo situado en la cordillera de los Andes. Baja por las montañas más de 18 millas (29 km).

Poco a poco, los glaciares arrastran y erosionan amplios valles glaciares, de suelo plano y paredes empinadas. Una vez que el glaciar se derrite, la forma del valle se hace más evidente. Mientras que los valles fluviales tienen forma de V, los valles glaciares tienen forma de U.

Los valles glaciares se formaron en muchas partes del mundo durante las pasadas glaciaciones, cuando más del 30 por ciento de la Tierra estaba cubierta de hielo.
Los valles glaciares tienen varios miles de pies de profundidad y decenas de millas de largo.

¡Infórmate!

Un valle tectónico es un valle largo, estrecho y profundo originado por la separación de dos placas tectónicas. Los astronautas dicen que el Gran Valle del 1Rift, en África, es el rasgo más significativo del planeta desde el espacio.

Esta parte del Gran Valle del Rift atraviesa Tanzania.

¡Haz un diagrama de flujo!

Formación de los valles glaciares

Sigue los pasos de este diagrama de flujo para sabér cómo los glaciares excavan valles en la superficie terrestre.

Al avanzar, el glaciar arranca rocas del terreno y estas se congelan en el fondo del hielo.

Diagrama de flujo ingenioso

Dichas rocas son arrastradas por el glaciar durante su avance.

Raspan y arrancan otras rocas y sedimentos de la superficie del terreno.

Poco a poco, el glaciar excava un amplio valle en U de fondo plano y lados escarpados.

Los glaciares pueden ser enormes. Un glaciar pesado ejerce mucha presión al avanzar.

Capítulo 5

Accidentes del litoral

A lo largo de las costas, donde la tierra se encuentra con el océano, los accidentes geográficos se deben a las olas marinas. Los vientos provocan fuertes olas, que se vuelven aún más poderosas en una tormenta, y estas chocan contra la orilla con gran fuerza.

En las costas rocosas, donde el océano golpea las paredes de las rocas, el agua crea acantilados. Las olas golpean la base de la roca, rompen trozos de roca y los arrastran. Hacen que el aire pase entre en las grietas y abra las rocas. Esto deja la parte superior del acantilado colgando como un estante, que se rompe por su propio peso y se cae. Cuando las olas entran y salen arrastran pedazos de roca hacia el océano. En la base de muchos acantilados esto crea una plataforma rocosa desnuda.

La energía de una ola proviene del viento que la empuja por el océano. Esa energía se transfiere al acantilado y lo erosiona.

La forma de los accidentes geográficos del litoral depende de la dureza de la roca. La roca blanda se erosiona con mayor rapidez. A lo largo de la costa puede haber bandas de roca dura y de roca blanda. En este caso se forma un promontorio donde se erosiona la roca blanda, dejando un farallón, una roca alta que sobresale del mar. Las bahías o ensenadas que parecen mordeduras gigantescas de un tramo de costa se forman en áreas de roca blanda.

Los acantilados de Moher, en Irlanda, de 14 millas (22.5 km), se deben a la erosión.

¡Infórmate!

La fuerza que las olas ejercen sobre la costa aumenta debido a las rocas que acarrean. Cuando las rocas se rompen los trozos caen al agua. Entonces las olas las lanzan sobre la costa e incrementan la erosión.

Construir playas

El océano construye playas: largas extensiones de arena o guijarros que cubren terrenos bajos a todo lo largo de las costas del mundo.

Las rocas que se desprenden de los acantilados son arrastradas al océano, donde dan vueltas entre las olas durante años y años. Entonces se desgastan al chocar entre sí. Poco a poco pierden las aristas, se alisan y se redondean. Esta erosión que puede durar de miles a millones de años las transforma en finos granos de arena.

Las playas se forman cuando las olas llegan a la costa y depositan los guijarros y granos de arena que acarrean. Las playas arenosas también contienen fragmentos diminutos de valvas de moluscos y de corales, que se descomponen más rápidamente que la mayoría de las rocas. La arena se acumula en las bahías y las playas. Algunas playas **tropicales** están compuestas unicamente por fragmentos de corales y de valvas de moluscos.

En las islas Seychelles hay playas largas y blancas formadas por arena de coral.

El perfil de una playa es su sección transversal. Esta playa de guijarros tiene un perfil suave, de poca pendiente.

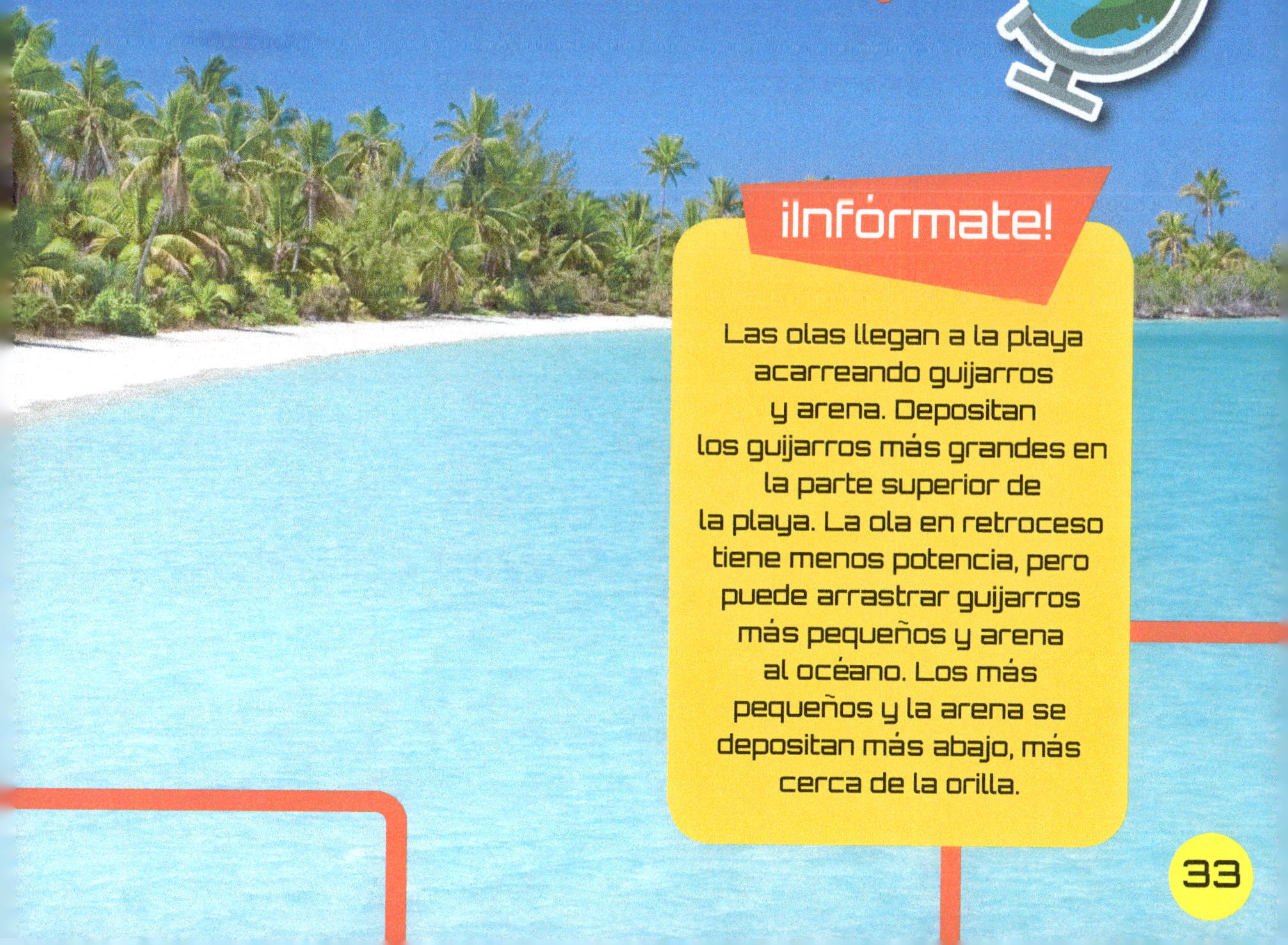

¡Infórmate!

Las olas llegan a la playa acarreando guijarros y arena. Depositan los guijarros más grandes en la parte superior de la playa. La ola en retroceso tiene menos potencia, pero puede arrastrar guijarros más pequeños y arena al océano. Los más pequeños y la arena se depositan más abajo, más cerca de la orilla.

Deltas

Un delta es un accidente geográfico costero que se origina cuando un río desemboca en el mar o en el océano. El delta suele tener forma de triángulo y ser plano. Algunos deltas son enormes.

Al llegar al mar, el río gana anchura y pierde velocidad. Entonces deposita en su propio lecho el sedimento que transporta. La velocidad reducida y la acumulación de sedimentos en el fondo del cauce hacen que el río se divida y se extienda en varios brazos antes de entrar en el océano y **depositar** el resto de sus sedimentos. Algunos ríos depositan tanto sedimento que las olas marinas no pueden arrastrarlo todo y se forma un delta.

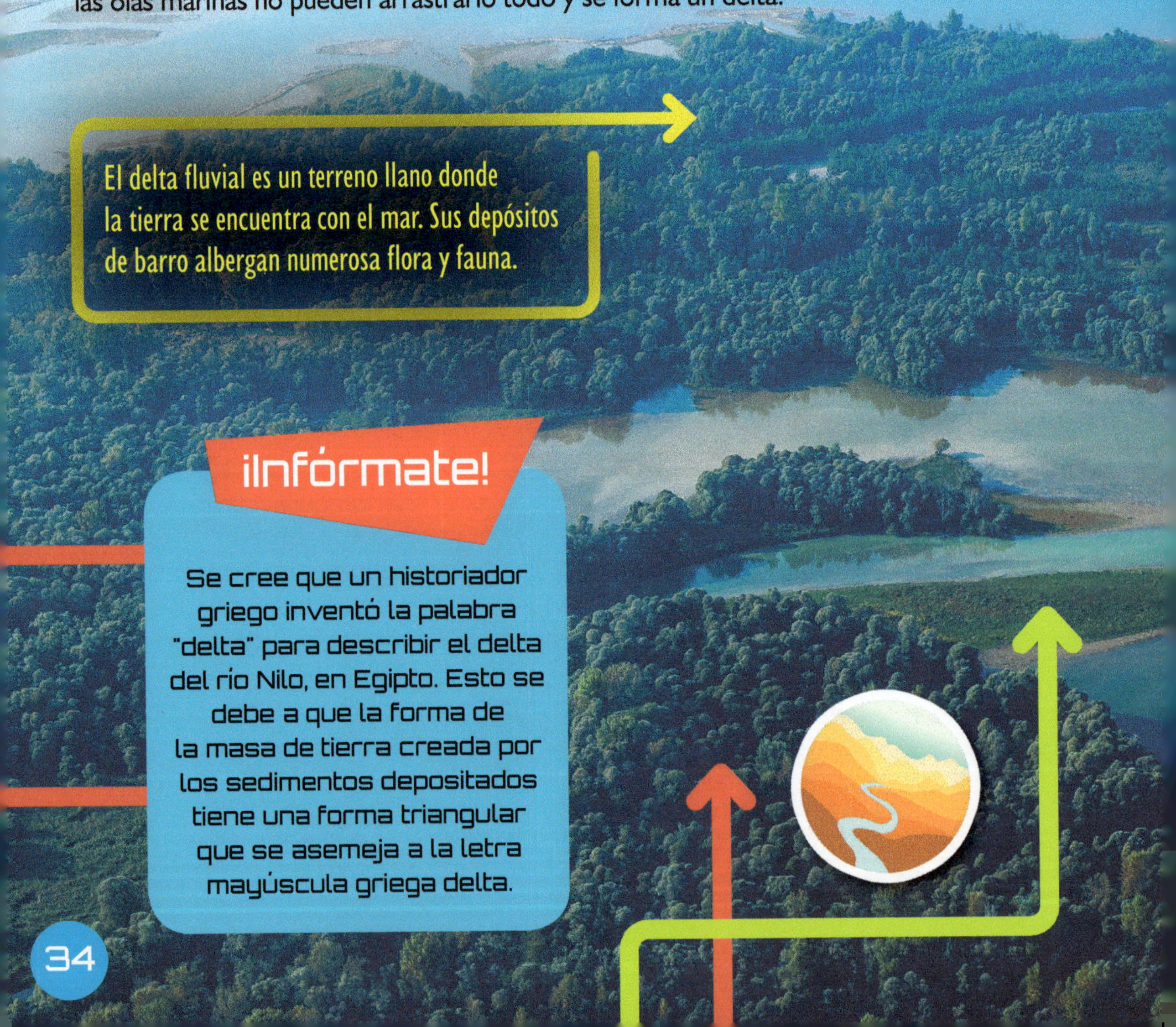

El delta fluvial es un terreno llano donde la tierra se encuentra con el mar. Sus depósitos de barro albergan numerosa flora y fauna.

¡Infórmate!

Se cree que un historiador griego inventó la palabra "delta" para describir el delta del río Nilo, en Egipto. Esto se debe a que la forma de la masa de tierra creada por los sedimentos depositados tiene una forma triangular que se asemeja a la letra mayúscula griega delta.

El delta del Yukón se formó en la desembocadura del río Yukón en el mar de Bering, Alaska.

Los deltas tienen formas diferentes. Varían en función de la cantidad de sedimento que deposite el río y de la cantidad de sedimentos que erosionen y depositen las olas y las **mareas**. Vistos desde arriba, algunos deltas son triangulares. Otros tienen forma de pata de pájaro; el río se divide y cada uno de sus brazos sobresale del océano. En ciertas ocasiones, el delta destaca con forma de punta de flecha.

¡Haz un diagrama de flujo!

Formación de los deltas

Este diagrama de flujo sigue los pasos de la formación de un delta.

Cuando un río llega al océano, pierde velocidad.

Se forma un delta.

Diagrama de flujo ingenioso

El sedimento del río va depositándose en su lecho.

La poca velocidad y la acumulación de sedimentos hacen que el río se divida en varios brazos antes de entrar al océano.

Cuando el río finalmente entra al océano, deposita el resto de sus sedimentos.

Algunos ríos depositan tantos sedimentos que las olas no pueden llevárselos todos mientras suben y bajan.

Capítulo 6

Islas

Una isla es una zona de tierra rodeada por agua. Puede estar en un río, un lago, un mar o un océano. Puede ser pequeña y despoblada o grande y con muchos **habitantes**, como Borneo o Madagascar.

Las islas se forman de diferentes maneras. Algunas se originaron debido al movimiento de las placas tectónicas, ya que entonces se desprendieron fragmentos de roca que las conformaron. Otras se crearon a medida que el nivel del mar subía y el agua inundaba gran parte del terreno. Hace mucho tiempo, durante las glaciaciones de la Tierra, la nieve, el hielo y los glaciares cubrían enormes zonas terrestres. Cuando el hielo de los océanos se derritió, el nivel del mar subió. Las tierras bajas se llenaron de agua, pero las altas se convirtieron en islas. Esto ocurrió precisamente con las islas Británicas, que en una ocasión formaron parte de la Europa continental.

Cuando baja la marea, una lengua de tierra une esta isla mareal con el continente.

La erosión también ha creado islas. Las olas y el viento erosionan algunas rocas antes que otras. La roca blanda se erosiona con rapidez, lo que puede originar islas de roca dura. Algunas son islas únicamente durante parte del día. Cuando baja la marea, un camino de tierra conecta la isla con la orilla del litoral. Cuando sube de nuevo, el agua cubre el terreno entre ambas, y la isla vuelve a quedar totalmente rodeada de agua.

El Parque Nacional de Mu Ko Ang Thong se compone de 42 islas en el golfo de Tailandia.

¡Infórmate!

Las islas muy pequeñas se llaman islotes. La isla Ellis, en la parte alta de la bahía de Nueva York, fue una vez un islote. Se agrandó en el siglo XIX. Cuando se excavó el metro de Nueva York, la tierra se transportó a la isla Ellis para agrandarla.

Islas emergentes

Mientras que muchas islas se forman a partir de fragmentos de tierra existentes, algunas islas totalmente nuevas emergen por debajo del océano. Las erupciones volcánicas y el crecimiento de los **arrecifes de coral** son dos de los fenómenos que hacen surgir estas islas.

Las islas volcánicas se forman cuando los volcanes del fondo del océano hacen erupción. Con el tiempo, se acumula suficiente lava como para que la parte superior de un volcán sobresalga del agua, formando una isla. También aparecen islas volcánicas si una placa tectónica se desplaza debajo de otra; o si dos placas tectónicas divergen, es decir, se separan.

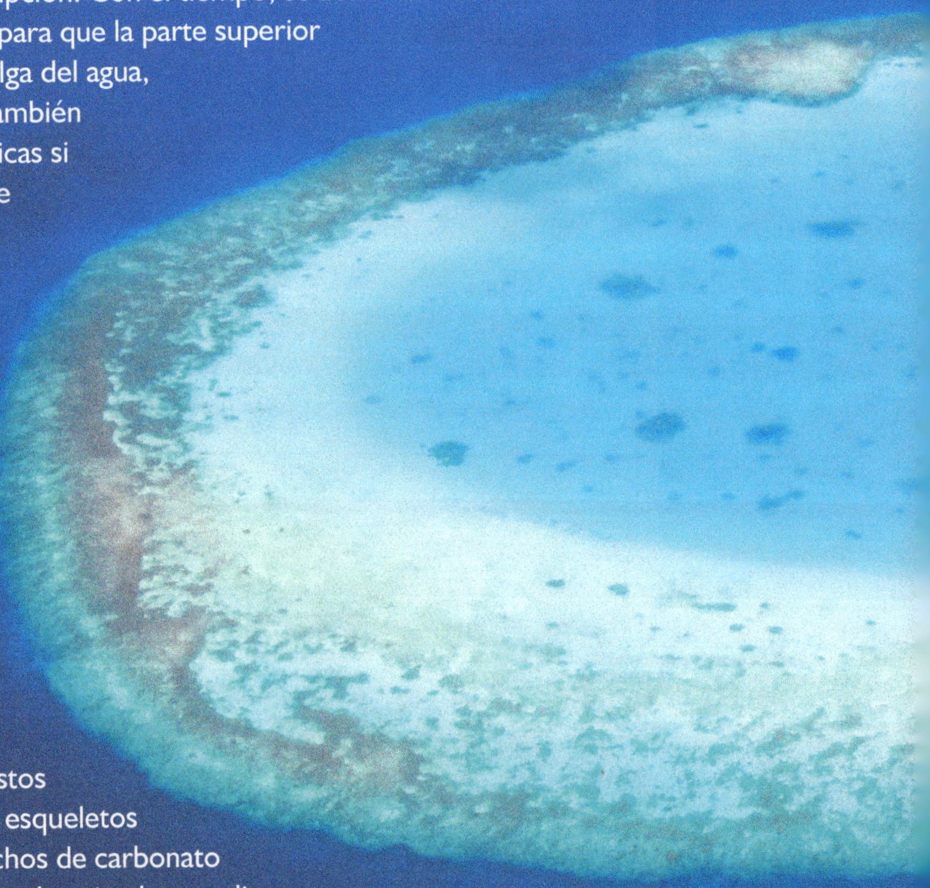

En aguas cálidas y tropicales, pequeños animales marinos llamados pólipos del coral crean nuevas islas. Estos animales desarrollan esqueletos exteriores duros hechos de carbonato de calcio. Las colonias de animales coralinos forman grandes áreas de carbonato de calcio llamadas arrecifes de coral. Algunos arrecifes crecen tanto que sobresalen del agua y forman islas. Los atolones son islas de coral que crecen alrededor de una isla volcánica. Durante largos períodos, esa isla se hunde en el agua, pero el arrecife sigue creciendo y se convierte en un atolón en forma de anillo.

Los atolones se hallan sobre todo en los océanos Índico y Pacífico. La zona central del atolón se denomina laguna.

En la isla de Hawái, la lava se endurece al llegar al océano; de este modo la isla va creciendo.

¡Infórmate!

La cadena de islas de Hawái se formó sobre un punto caliente del manto. Un punto caliente es un volcán en medio de una placa tectónica. El magma se eleva hasta que erupciona en el fondo del océano. La lava forma una isla. Cuando la placa tectónica se mueve sobre el punto caliente, el volcán se desplaza y se forma uno nuevo.

¡Haz un diagrama de flujo!

Origen del atolón

Sigue los pasos de este diagrama de flujo para saber cómo se forma un atolón.

En cálidas aguas tropicales, un volcán erupciona en el lecho marino..

La lava se acumula en capas hasta formar una isla.

Isla volcánica

Crecimiento coralino

El volcán se hunde y el atolón se forma

Pólipos del coral crecen en las aguas superficiales que rodean la isla.

→

Estos pólipos tienen exoesqueletos duros de carbonato de calcio.

↓

Como los pólipos viven en colonias de muchos miembros, forman un arrecife de coral.

←

Con el tiempo, el volcán se hunde en el océano. El arrecife sigue creciendo hasta convertirse en una isla anular llamada atolón.

Diagrama de flujo ingenioso

Terreno cambiante

Los accidentes geográficos cambian sin parar. Algunos muy despacio, a lo largo de miles de años; otros, más rápido. Muchos a causa del viento, las olas y el movimiento de las placas tectónicas, y otros debido a la acción humana.

El ser humano también cambia el terreno: perfora montañas para construir carreteras y cubre la tierra de cultivos o ciudades. Excava agujeros en la superficie para llegar al carbón u otras sustancias. Altera el curso de los ríos para dirigir el agua hacia donde la necesita. Estos cambios pueden causar problemas. Perturban el equilibrio de los seres vivos al eliminar sus hábitats y varían la forma en que el agua se mueve a través de la tierra. Se aumenta así la probabilidad de sufrir inundaciones, ya que el agua no penetra en un suelo de cemento.

Y también se hacen cambios de forma indirecta. Se queman **combustibles fósiles** para generar electricidad, con lo que se envían a la **atmósfera** grandes cantidades de **dióxido de carbono** que provocan el calentamiento global. A medida que la Tierra se calienta, el hielo de los polos se derrite y el nivel del mar sube, inundando las tierras costeras. Al menos hay un interés mundial por reducir el **calentamiento global** y proteger la naturaleza. Ayudaremos si quemamos menos combustibles y reciclamos más.

Las minas muy grandes alteran los accidentes geográficos, contaminan la tierra y el agua, y destruyen hábitats de plantas y animales.

El Parque Nacional de los Glaciares, en Montana, tiene 16 mil millas cuadradas (41 440 kilómetros cuadrados) de terreno protegido (un 94% salvaje).

¡Infórmate!

Algunos de los accidentes geográficos más bellos del mundo se convierten en parques o reservas nacionales. En estas áreas se evitan ciertas actividades como la construcción, la minería y los vertidos dañinos. Es necesario proteger a los seres vivos para que las generaciones futuras puedan disfrutar de ellos.

Glosario

arrecifes de coral: montículos o cadenas de coral vivo, esqueletos de coral y depósitos de carbonato de calcio.

atmósfera: capa de gases que rodea a la Tierra.

combustibles fósiles: carbón, petróleo o gas natural formados por los restos de seres que murieron hace millones de años.

cordillera: línea de montañas conectadas entre sí.

corrientes de convección: los movimientos circulares de líquidos o gases que transfieren calor de un lugar a otro.

depositar: dejar caer.

dióxido de carbono: un gas de efecto invernadero que se forma al quemar carbón.

erosionarse: desgastarse lento por la acción del viento, del agua, del hielo o de otros agentes naturales.

erosión: proceso en el cual el suelo y las rocas son arrastrados por el agua, el hielo o el viento.

falla: grieta de la corteza terrestre, a lo largo de la cual las rocas de ambos lados se están moviendo.

fuerzas: empujes o tirones.

fundido: derretido.

glaciar: río de hielo que se mueve lentamente.

habitantes: personas que viven en un lugar determinado.

lava: roca caliente y fundida que sale de un volcán en erupción u otra fisura de la corteza terrestre.

magma: roca fundida que normalmente se encuentra por debajo de la corteza terrestre.

manto: capa muy profunda de roca caliente situada debajo de la corteza terrestre.

mareas: ascenso y descenso de océanos y mares que se produce dos veces al día. Las mareas hacen que el agua suba y baje en la orilla.

nivel del mar: nivel medio del mar con respecto al terreno.

núcleo: centro de la Tierra.

placas tectónicas: piezas grandes y móviles que forman la corteza terrestre, la capa externa de la Tierra.

presión: fuerza de empuje.

sedimento: trozos pequeños de roca, barro o arena.

tropical: situado en la región caliente de la Tierra, a ambos lados del ecuador (línea imaginaria que rodea la Tierra por el centro).

volcán: abertura de la superficie terrestre por la que a veces sale el magma del interior de la Tierra.

Para más información

Libros

Dickmann, Nancy. *Earth's Landforms*. New York, NY: Cavendish Square, 2016.

Duke, Shirley. *Erosion*. Vero Beach, FL: Rourke Educational Media, 2015.

Pettiford, Rebecca. *Canyons*. Mineapolis, MN: Jump!, 2018.

Salaka, Michael. *Islands and Archipelagos*. New York, NY: PowerKids Press, 2017.

Sitios de Internet

Find out about desert landforms at:
www.dkfindout.com/us/earth/deserts/desert-landforms/

Read more about erosion at:
www.ducksters.com/science/earth_science/erosion.php

Learn more about landforms at:
www.nationalgeographic.org/encyclopedia/landform

Watch slideshow with information and photos of striking landforms at:
studyjams.scholastic.com/studyjams/jams/science/rocks-minerals-landforms/landforms.htm

Nota editorial para educadores y padres: nuestros editores han revisado cuidadosamente estos sitios a fin de comprobar que son adecuados para estudiantes. Sin embargo, como muchos sitios web cambian con frecuencia, no podemos garantizar que los contenidos futuros de un sitio sigan satisfaciendo nuestros altos estándares de calidad y valor educativo. Aconsejamos supervisar de cerca a los estudiantes siempre que accedan a Internet.

Índice